W0049222

Susanne Weber

Tierisch was los bei
Paul & Papa

Vorlesegeschichten

Mit Illustrationen
von Susanne Göhlich

MIXTVISION
Weiter. Erzählen.

Inhalt

Die Tüte   6

Elefantengedächtnis   9

Krabbeltiere   12

Gespenster   15

Erster   19

Im Blumenladen   22

Balkontier   26

Blutwurst und Spiegelei   30

Unwetter   32

Superdoofi   36

Der Fußballhund   39

Seepferdchen-Papa   43

Mitbewohner   45

Löwengebrüll   49

Knabberfische   52

Brötchen zählen   56

Nächtliche Besucher   60

Drachensteigen   63

Waldameisen   66

Katzensitter   70

Die Tüte

„Papa, kann ich noch mehr Mayo haben?" Paul schiebt
sich eine Pommes in den Mund. Doch Papa sieht zur
Seite und reagiert nicht. „Papa, ob ich noch mehr
Mayo haben kann? Papa!"
„Was?", sagt Papa und dreht sich zu Paul. „Ich habe
gerade die Büffel beobachtet. Irgendwas ist da los."
Er zeigt zum Gehege der Büffel, das sich im Tierpark
neben dem Imbiss befindet.

Jetzt schaut auch Paul zu den Büffeln. Sie stehen im Kreis um etwas herum und scheinen Angst zu haben. Aber wovor?, fragt sich Paul. „Da ist eine blaue Mülltüte!", entdeckt er. „Ich glaube, davor haben sie Angst."

„Du hast recht!", ruft Papa. „Die Mülltüte bewegt sich leicht im Wind und sie wissen nicht, was das ist. Guck mal, der größte Büffel sieht total angespannt aus. Die anderen schauen ihn immer wieder an. Wahrscheinlich ist er der Chef und sie erwarten, dass er weiß, was zu tun ist."

„Aber die Tüte tut ihnen doch nichts!", wendet Paul ein.

„Das wissen sie ja nicht", sagt Papa. „Vielleicht sehen sie zum ersten Mal eine und deshalb haben sie Angst." Ein leichter Wind kommt auf und lässt die Tüte tanzen. Der größte Bulle brüllt auf, alle sehen ihn an und laufen vor Schreck davon.

„Oje, die Armen!", sagt Papa. „Ich glaube, sie haben sich mehr vor dem Gebrüll als vor der Tüte erschreckt." Er wendet sich wieder dem Essen zu. „Was wolltest du noch mal? Paul?"

Paul beobachtet weiter gespannt die Tiere, die sich langsam wieder der Tüte von allen Seiten annähern.

Nur der größte Bulle bleibt zögerlich am Zaun stehen.
Da kommt stärkerer Wind auf und lässt die Mülltüte
nach oben fliegen. Alle schauen zu, wie die Tüte
davongeweht wird.

„Jetzt haben sie wieder Ruhe. Ah, schau mal, der
Tierpfleger kommt. Es gibt was zu fressen." Papa
tunkt eine Pommes in den Ketchup.

„Mayo", sagt Paul.

„Mayo? Sieht eher nach Gemüse aus, was die da essen."
Papa holt eine Box aus dem Rucksack. „Haben wir auch
dabei."

Paul beißt in eine Karotte. „Bekomme ich trotzdem
noch Mayo für meine Pommes?"

Papa reißt ein kleines Tütchen Mayo auf. „Klar, Chef."

Elefantengedächtnis

„Dahinten müsste es sein", sagt Papa und tritt noch mal kräftig in die Pedale. „An der nächsten Kreuzung wohnen sie."

„Nein", sagt Paul vom Kindersitz aus. Er hält ein Geschenk in den Händen.

„Wie, nein?", fragt Papa nach. Die Ampel wird rot und er muss anhalten.

„An der Kreuzung war ein Kiosk, das weiß ich noch genau", sagt Paul.

Papa dreht sich zu ihm um. „Aber es ist zwei Jahre her, dass wir hier waren. Das kannst du doch gar nicht mehr wissen."

„Doch", sagt Paul knapp. „Es ist grün."

Papa steigt auf und fährt los. Er schaut sich suchend um, aber kann das Haus, in dem Carlo wohnt, nicht entdecken.

„Papa, wir kommen zu spät zum Geburtstag, beeil dich!"

„Ja, ja, ist ja gut", sagt Papa. „Hätte ich mir die Hausnummer mal gemerkt", murmelt er und fährt langsam weiter.

Als sie an der nächsten Kreuzung ankommen, ruft
Paul: „Da ist der Kiosk und daneben wohnt Carlo!"
Papa blickt rüber zur anderen Straßenseite. „Tatsäch-
lich. Du hast recht. Manchmal hast du echt ein Ge-
dächtnis wie ein Elefant."
„Wieso wie ein Elefant?", fragt Paul. „Haben die be-
sonders große Gehirne?"
Papa steigt ab und schiebt das Rad über die Straße.
„Besonders große nicht, aber besonders gute. Wenn
ein Elefantenjunges an eine Wasserstelle geführt

wurde, kann es sich noch dreißig Jahre später daran erinnern, wo sie war." Er stellt das Rad vor dem Haus ab und hebt Paul herunter.

„Eine Limostelle", sagt Paul.

„Wieso Limostelle?", fragt Papa, während er das Rad abschließt.

„Weil du mir damals eine Limo in dem Kiosk gekauft hast." Paul läuft zum Hauseingang. „Hier müssen wir klingeln."

„Na, dann muss ich mir ja keine Sorgen machen, dass wir irgendwann mal verdursten oder uns verlaufen." Papa drückt die Tür auf, als es summt. „Aber jetzt hätte ich gern erst mal einen Kaffee und ein schönes Stück Kuchen."

Krabbeltiere

„Jetzt halt mal still", sagt Papa.

„Aber es ziept! Blöder Kamm."

Paul zieht den Kopf weg.

„Ich weiß, dass das blöd ist. Aber im Kindergarten stand ein Schild, dass Läuse umgehen und dass wir alle eure Köpfe kontrollieren sollen. Also versuch's bitte einfach."

Paul strengt sich an, ganz still zu halten. „Was wollen die Läuse überhaupt auf meinem Kopf?", fragt er.

„Eier legen", sagt Papa.

Paul reißt den Kopf rum. „Wie ein Huhn?"

Huhn   Laus

Papa lacht und streicht Paul über den Kopf. „Nein. Die Eier sind miniklein und kleben an den Haaren. Nissen nennt man sie. Und die muss man rauskämmen."

Paul schaut wieder nach vorne. „Und, hast du schon welche gefunden?"

„Nein." Papa kämmt jetzt am Hinterkopf.

„Können wir die Haare nicht einfach waschen und die Läuse wegspülen?", fragt Paul.

„Nein, die Läuse halten sich sehr gut am Haar fest. Sie haben hakenförmige Krallen." Mit seinen Armen macht er sie nach und Paul muss lachen. „Und die Eier kleben mit einem Superkleber fest. Man braucht spezielles Läuseshampoo und so einen Läusekamm hier, um sie aus den Haaren rauszubekommen." Papa wedelt mit dem Kamm kurz vor Pauls Augen herum, dann kämmt er weiter.

„Und was essen sie?", fragt Paul. „Haare?"

„Nein, Blut."

Paul erschrickt. „Wie ein Vampir?"

Jetzt muss Papa lachen. „Vampire gibt's ja nicht in echt. Eher wie eine Mücke. Beide saugen Blut."

Paul schüttelt sich. Aber Papa beschwert sich gar nicht.

„Fertig", sagt er. „Weder Läuse noch Eier gefunden."

„Kann ich jetzt noch spielen?", fragt Paul.

Papa wäscht den Kamm ab. „Ja klar, und ich mache schon mal das Abendessen. Hast du vielleicht Lust auf Spiegeleier?"

„Bitte keine Eier!", ruft Paul aus seinem Zimmer.

„Stimmt", murmelt Papa. „Dann gibt es Spaghetti mit Tomatensoße?"

„Lieber mit Pesto!", ruft Paul zurück.

Gespenster

„Pflanzen sind langweilig, ich will lieber in den Zoo",
mault Paul, als sie durch den Eingang in den Botani-
schen Garten gehen.

„Ein paar Vögel gibt es hier auch. Und Schildkröten",
sagt Papa und zieht Paul weiter.

Sie kommen durch einen Kräutergarten, der zwar gut
riecht, den Paul aber sonst nicht so spannend findet.
Dahinter steht ein Glashaus.

„Das ist ein Warmhaus, am besten ziehen wir die Jacken aus." Im Warmhaus ist es tatsächlich warm und
stickig. Es gibt unter anderem Bananenstauden, an
denen keine Bananen hängen, sondern riesige Blüten,
und ein Becken mit Schildkröten. Die Seerosenblätter
darauf haben einen hohen Rand und sehen aus wie
Tabletts.

„Da bekomme ich gleich Lust auf einen Kaffee", sagt
Papa. „Hier gibt's sogar eine Kaffeepflanze!"

„Ich will aber lieber Kakao", ruft Paul zurück und
sieht der einen Schildkröte dabei zu, wie sie abtaucht
und an einer ganz anderen Stelle plötzlich wieder
auftaucht.

„Der wächst hier bestimmt auch irgendwo", sagt Papa und verschwindet hinter ein paar Palmen.

„Wenn das hier das Warmhaus ist, gibt's dann auch ein Kalthaus?", fragt Paul und schaut sich um. „Papa, wo bist du?"

„Buh!", macht Papa und guckt hinter einem großen Palmwedel hervor. Paul zuckt kurz zusammen. „Wir können ja mal danach suchen!", schlägt Papa vor und reicht Paul seine Jacke, während sie rausgehen.

Paul läuft vor, durch die Moorlandschaft, vorbei an der Düne über ein kleines Bächlein, das durch graue Steine fließt. „Da ist noch ein Häuschen", ruft Paul aufgeregt.

„Tatsächlich, es steht Kalthaus dran. Ob wir jetzt Mütze und Schal brauchen?"

Paul öffnet die Tür und gemeinsam gehen sie hinein. Drinnen ist es ähnlich kühl wie draußen. Es stehen große Töpfe mit Pflanzen herum. „Hier ist es langweilig", entscheidet Paul. „Ich will wieder raus."

Papa dreht noch eine Runde und folgt ihm dann nach draußen.

„Wollen wir noch zu den Vögeln?", fragt Papa.

Doch Paul schüttelt den Kopf. „Nach Hause."

Sie gehen Richtung Ausgang, als Paul plötzlich etwas entdeckt. „Guck mal, da steht ein Aquarium!"

Er nähert sich dem Kasten. „Fische sehe ich nicht." Er umrundet das Ding und sucht weiter. „Uaah, was ist das denn? Die sehen ja aus wie Gespenster!"

Papa tritt näher heran. „Axolotl", liest er vor. „Interessant. Die können Arme und Beine oder auch Teile des Gehirns nachwachsen lassen, wenn sie sich verletzen."

„Wie Seesterne, oder? Die können die Arme auch nachwachsen lassen." Begeistert beobachtet Paul die Tiere. Sie haben ein breites Maul, sind irgendwas zwischen weiß und durchsichtig und haben Antennen auf dem Kopf.

„Jein", sagt Papa. „Seesterne haben nämlich gar keine Gehirne."

„Aber diese Axodingsbums schon? Das heißt, sie können denken?"

Papa nickt und liest weiter, während Paul mit der Hand das Glas berührt. „Achtung: Nicht klopfen, steht hier", ruft Papa.

Paul zieht seine Hand zurück. „Warum?", fragt er. Papa zuckt mit den Schultern. „Keine Ahnung, vermutlich soll man sie nicht erschrecken."

„Denken sie dann, dass wir Gespenster sind?"

Papa lacht. „Vielleicht. Na, dann lassen wir sie lieber in Ruhe. Kommst du? Du wolltest doch gehen!"

Doch Paul beobachtet weiter die seltsamen Tiere hinter dem Glas. „Ich? Nein. Ist doch superspannend hier!"

18

Erster

„Quiek!", macht das kleinste Ferkel.

Paul guckt gespannt in das Abteil des Stalls, in dem die Sau mit ihren kleinen Ferkeln im Stroh liegt. „Opa", fragt er, „wieso schubsen sich die Ferkel gegenseitig weg, das ist doch gemein!"

Opa steht neben ihm. Er hat Paul mit zu seinem Freund Hansen auf den Bauernhof genommen. „Weißt du", sagt er, „bei den Tieren ist das anders. Wenn sie

Hunger haben, dann wird auch mal geschubst. Jeder will der Erste sein. Da wird nicht so viel Rücksicht genommen wie bei uns."

Paul beobachtet, wie sich das kleinste Ferkel zwischen seine Geschwister drängelt und schließlich auch bei der Mama trinken darf. Erleichtert zeigt er es Opa.

„Zum Glück ist der Eber nicht da", sagt der.

„Wieso?", fragt Paul.

„Als dein Papa und Onkel Joni klein waren, haben wir Hansen öfter besucht. Einmal waren wir dabei, als Hansen den Trog für die Schweine gefüllt hat. Die Sau hatte damals auch Ferkel, sie waren etwas älter als die jetzt und alle waren zusammen im Stall." Aus dem Stallabteil ist wieder Gequieke zu hören. Opa macht eine Pause und blickt auf die Sau, die sich mühsam erhebt und zum Futtertrog geht.

„Erzähl weiter!", sagt Paul.

„Der riesengroße Eber kam grunzend angelaufen. Er hat die Ferkel mit der Schnauze gepackt und sie nach links und rechts geworfen, um als Erster beim Trog zu sein. Die Ferkel flogen richtig durch die Luft. Seitdem

habe ich zu deinem Papa und Onkel
Joni immer gesagt: ‚Denkt an den
Eber', wenn sie sich als Erste aufs
Essen stürzen wollten." Er lacht.

„Weil du der Eber bist?", fragt Paul nach.

„Ja, irgendwie schon." Opa lacht wieder.

Die Sau legt sich zurück ins Stroh und die Ferkel
suchen sich quiekend ihre Plätze und trinken wieder
bei ihrer Mutter.

Paul sucht nach dem kleinsten Ferkel. „Jetzt habe ich
auch Hunger", sagt er, als er es gefunden hat.

„Ich glaube, Hansens Frau wollte heute Pfannkuchen
machen. Von den frischen Eiern, die du gestern gesam-
melt hast. Duftet es nicht sogar schon?"

„Mmmh, Pfannkuchen, lecker", ruft Paul, macht kehrt
und läuft zum Tor der Scheune.

Auch Opa setzt sich in Bewegung. „Denk an den
Eber", sagt er und grunzt dann.

Paul dreht sich um. „Willst du mich wegschubsen?",
fragt er. „Das schaffst du nicht. Ich bin Erster. Quiek!"
Und weg ist er.

Im Blumenladen

„Ah, guck mal, da ist ein Blumenladen", sagt Papa.
„Da können wir Blumen für Mama kaufen."
„Ich will sie aussuchen", ruft Paul und läuft zur Tür
herein. Paul fühlt sich wie im Dschungel. Riesige
Palmen und Kletterpflanzen reichen bis zur Decke des
großen Raums. Auf dem Boden stehen überall Blumen
in Vasen und Eimern. „Toll!", staunt Paul.
„Welche wollen wir nehmen?", fragt Papa.
„Hmm", macht Paul und sieht von den roten mit den
großen Blüten zu den lilafarbenen mit den kleinen
Glöckchen.
Plötzlich macht es laut „Krah!" und Paul zuckt
zusammen. „Was war das?", fragt er Papa.
Die Blumenverkäuferin kommt dazu. „Einer unserer
Papageien", sagt sie lachend. „Willst du sie an-
gucken?"
Paul nickt und läuft der Verkäuferin hinterher.
„Wie viele sind es?", fragt er.
Die Verkäuferin bleibt stehen. „Zwei", sagt sie. „Da
oben sind sie." Dann geht sie wieder zurück in den
Verkaufsraum.

Zwei bunte Papageien sitzen auf einer Tür, die zu einem weiteren mit Blumen vollgestellten Raum führt. Einer hat blaugrünes und der andere rotgrünes Gefieder. Außerdem ist der eine etwas größer als der andere. Mit ihren Schnäbeln knabbern sie an dem Holz der Tür, das schon sehr mitgenommen aussieht.

„Warum machen die das?", fragt Paul.

„Sie wetzen ihre Schnäbel. Das machen sie auch mit den Krallen", erklärt Papa. „Weil sie keine Nagelschere haben."

„Guck mal, jetzt küssen sie sich!", ruft Paul.

„Wie niedlich", sagt Papa. „Schnäbeln nennt man das. Vermutlich sind es Mann und Frau. Ich glaube, Papageien leben als Paare zusammen."

„Nein", sagt Paul entschieden. „Das sind Papagei und Pauligei."

„Krah!", macht der kleinere Papagei wie zur Zustimmung.

Papa lacht. „Vielleicht hast du recht. Komm, Pauligei, wir suchen jetzt die Blumen für Mama aus."

„Alles klar, Papagei", sagt Paul.

„Wir haben auch Papageienblumen." Die Verkäuferin zeigt auf einen der Eimer mit besonders schönen Blumen. Diese sehen wirklich ein bisschen wie die bunten Vögel aus. „Eigentlich heißen sie Strelitzien", erklärt die Verkäuferin, „aber das kann sich ja kein Mensch merken."

Paul nickt. „Oh ja, das passt!"

Sie nimmt die orangefarbig aufgefächerten Blüten in die Hand. „Wie viele willst du?", fragt sie.

„Zwei", sagt Paul. „Ach nein, lieber drei. Papagei, Pauligei und Mamagei."

Lächelnd nimmt die Verkäuferin drei Blumen heraus und wickelt sie in Papier ein. Während Papa bezahlt, geht Paul noch einmal zu den Papageien zurück.

„Tschüss, ihr beiden!" Er winkt.

„Krah, krah", machen sie.

Balkontier

„Ich möchte ein Haustier haben", sagt Paul und bleibt
auf der Treppe stehen.

Papa läuft weiter. „Für Hunde und Katzen haben wir
zu wenig Platz. Da braucht man ein Haus mit Garten."

„Und was ist mit einem Hamster? Oder einem Meer-
schweinchen?"

Jetzt bleibt auch Papa stehen und dreht sich um.

„Gegen Nagetiere ist Mama allergisch. Sie muss dann
dauernd niesen, das geht also nicht. Außerdem sind
Hamster nachtaktiv. Sie sind wach, wenn wir schlafen
wollen. Das ist unpraktisch." Papa steigt weiter nach
oben. „Komm jetzt, Paul."

Trotzig nimmt auch Paul die nächste Stufe. Doch dann
hält er wieder an.

Papa ruft herunter. „Paul, mach mal etwas schneller.
Du bist ja langsamer als eine Schnecke."

Paul schaut auf. „Was ist mit einer Schnecke?"

„Wie, was soll damit sein?", fragt Papa nach.

Paul geht die Treppe weiter hoch.

„Könnte ich eine Schnecke als Haustier
haben?"

Papa überlegt kurz. „Du könntest eine Schnecke als Balkontier haben."

„Au ja!", ruft Paul und rennt die letzten Stufen in den fünften Stock. „Schließ schnell die Tür auf, wir müssen sofort ein Haus für Schnecki bauen."

„Am besten nehmen wir mein altes Aquarium", schlägt Papa vor. „Ich glaube, das steht im Keller."

Paul und Papa stellen ihre Rucksäcke ab, ziehen die Jacken aus und laufen wieder nach unten. Es dauert eine Weile, bis Papa das Aquarium im Kellerabteil findet. Es steht in der hintersten Ecke in einem verstaubten Schrank.

„Hattest du mal Fische?", fragt Paul.

Papa pustet den Staub weg. „Ja, früher als ich noch studiert hab."

Sie nehmen das Aquarium mit nach oben und machen es in der Dusche sauber. Dann suchen sie einen geeigneten Platz auf dem Balkon. Den Boden des Aquariums bedecken sie mit Blumenerde.

Paul zeigt auf einen leeren Balkonkasten. „Und hier können wir für Schnecki Salat anbauen!"

„Gute Idee", sagt Papa. „Fehlt nur noch Schnecki."

„Im Hof habe ich letztens in einer Ecke ganz viele Schnecken entdeckt", sagt Paul eifrig.

„Also wieder runter. Dann nehmen wir gleich den Müll mit." Als er sich den Biomüll schnappt, hält Papa inne. „Die Möhrenschalen behalten wir für Schnecki." Paul streckt den Daumen nach oben.
Im Hof findet Paul tatsächlich gleich ein paar Schnecken. Ihre Häuser sind gelb mit dunkelbraunen Streifen. Er sucht sich die Größte aus. „Kann ich auch zwei nehmen?", fragt er Papa. „Dann ist Schnecki nicht so alleine."

Papa nickt. „In Ordnung. Wir nehmen auch noch ein paar Ästchen und ein Stück Rinde mit."

Die beiden Schnecken verstecken sich im Häuschen, als Paul sie vorsichtig nach oben trägt.

„Wie soll die zweite heißen?", fragt Papa.

„Tiger", sagt Paul wie aus der Pistole geschossen.

„Das passt", sagt Papa und schließt die Tür auf.

„Hoffentlich ist sie nicht so gefräßig wie ein Tiger."

Paul öffnet die Balkontür und setzt die Schnecken in ihr neues Zuhause. Papa legt die Ästchen und die Rinde dazu. Und in eine Ecke tut Paul die Möhrenschalen.

„Guten Appetit!", sagt er. Eine Weile beobachtet er die Schnecken. Doch sie kommen nicht aus ihren Häuschen hervor. „Ich will auch was essen. Apfel!"

„Geschält oder ungeschält?", fragt Papa.

„Geschält natürlich", sagt Paul und sie gehen rein.

„Dann kriegen Tiger und Schnecki später noch einen Nachtisch!"

Blutwurst und Spiegelei

Paul schaut von seinem Bild auf. „Wie hieß noch mal
der Affe, den wir letztens im Zoo gesehen haben?
Blutwurstpavian?"

Papa lacht. „Leberwurstpavian. Nee, kleiner Scherz.
Blutbrustpavian. Aber Blutwurstpavian wäre ein sehr
lustiger Name."

„Und wieso heißen die so?", fragt Paul und legt den
braunen Stift beiseite.

„Weil sie eine haarlose Stelle auf der
Brust haben, die blutrot ist. Die haben
wir doch gesehen!"
Paul greift nach dem roten Stift.
„Sah das so aus?"

„Ja!", ruft Papa. „Es gibt viele lustige Namen in der
Tierwelt. Zum Beispiel den Schokoladen-Fruchtzwerg."
Paul guckt ihn ungläubig an. „Was soll das denn sein?"
„Eine Fledermausart. Braun wie Schokolade. Sie gehört
zur Gruppe der Fruchtvampire. Das sind Fledermäuse,
die sich von Früchten ernähren. Anders als die Spiegel-
eiqualle, die sich nicht von Spiegeleiern ernährt,
sondern wie eins aussieht."
Paul nimmt einen gelben Stift und malt ein Spiegelei.
Dann zeichnet er ganz viele Fangarme außen herum.
„So?"
„Ich denke schon", sagt Papa. „Es gibt auch Tomaten-
frösche und Bananenschnecken."
„Ich hab Hunger", sagt Paul und lässt den Stift fallen.
Papa steht auf. „Spaghetti mit Tomatensoße?"
„Ja. Und zum Nachtisch ..."
„... eine Banane. Etwas anderes
haben wir eh nicht."

Unwetter

„So ein Mistwetter", ruft Papa und tritt in die Pedale. Paul sitzt hinten auf dem Kindersitz und ist trotz Regenjacke und Gummistiefeln bereits komplett durchnässt. Es regnet in Strömen. „Krass!", ruft er und zeigt auf einen Gullideckel, aus dem das Wasser nur so herausprudelt. Die Leute auf dem Bürgersteig stehen bis über die Knöchel im Wasser.

„Können wir uns nicht irgendwo unterstellen?", fragt Paul.

„Lieber schnell nach Hause", schnauft Papa. „Wir sind eh schon nass. Außerdem hab ich Angst, dass der Keller vollläuft."

Als sie das Fahrrad im Hof abstellen, sehen sie einen Mann vor dem Eingang des Nachbarkellers. Er leert einen Eimer dreckiger Brühe aus.

„Oje, mir schwant nichts Gutes", stöhnt Papa. Sie laufen im Eiltempo nach oben, ziehen sich trockene Klamotten an, schlüpfen wieder in die Gummistiefel und hechten dann zurück nach unten in den Hof. Papa schließt die Tür zur Kellertreppe auf und sie blicken auf eine große Wasserfläche.

„Wie tief ist es?", fragt Paul.

Papa stiefelt die Treppe hinunter. „Etwa eine Hand-
breit", sagt er. „Ich muss schnell ein paar Sachen aus
unserem Kellerabteil retten, dann fangen wir an zu
schöpfen. Wir leeren die Eimer im Hof aus."

Paul watet durch das Wasser, während Papa einige
Bilderrahmen und kleinere Möbelstücke ins Treppen-
haus stellt. Dann beginnen sie, mit zwei Eimern das
Wasser zu schöpfen und in den Hof zu schütten.

Mittlerweile hat es aufgehört zu regnen.

„Ich kann nicht mehr", sagt Paul irgendwann. „Ich schau mich mal im Hof um."

„Okay", ruft Papa.

Paul läuft weiter nach hinten in den Hof, wo es eine Schaukel und einen Sandkasten gibt. Dort ist noch ein zweiter Gullideckel. Paul traut seinen Augen nicht: Darauf sitzt eine triefend nasse Ratte. Schnell dreht sich Paul weg. Doch vor lauter Neugier wagt er einen weiteren Blick. Die Ratte atmet schwer, dann schüttelt sie sich ein paar Mal und die Tropfen fliegen aus ihrem Fell. Paul läuft zum Kellerzugang zurück. „Papa!", ruft er hinunter. „Komm schnell!"

„Was ist denn passiert?", fragt Papa und erscheint unten an der Treppe.

„Auf dem hinteren Gullideckel sitzt eine patschnasse Ratte", berichtet Paul aufgeregt.

„Oje, die Arme. Die wurde bestimmt zusammen mit dem Wasser aus der Kanalisation hochgedrückt. Und hat sich gerade noch vor dem Ertrinken gerettet." Papa fährt sich mit der Hand durch die noch immer feuchten Haare.

„Was machen wir jetzt? Sollen wir ihr helfen?", fragt Paul.

„Wir sollten sie auf keinen Fall anfassen, Ratten
können Krankheiten übertragen", warnt Papa und
greift nach den beiden gefüllten Eimern. „Ich muss
jetzt eh hoch, dann kannst du sie mir zeigen."
Paul läuft vor. Und bleibt enttäuscht stehen. Die Ratte
ist nicht mehr da.
„Na, wo ist sie?", fragt Papa.
„Weg", sagt Paul. „Aber sie war wirklich da."
Papa zieht die Augenbrauen hoch. „Ja?" Er schüttet
die Eimer aus und geht wieder runter in den Keller.
Paul blickt sich suchend um. Im Gebüsch, das zu den
Bahnschienen hingeht, bewegt sich doch was! Er wagt
sich näher heran und sieht eine kleine spitze Nase, die
hervorguckt.
„Mach's gut!", ruft Paul der Ratte zu und winkt.

Superdoofi

„Lies weiter!", drängelt Paul. „Ich will wissen, was auf dieser Urlaubsinsel passiert. Mit den Krokodilen."

„Comics vorlesen ist anstrengend mit den ganzen Sprechblasen", mault Papa. „Ich freu mich schon drauf, wenn du selbst lesen kannst. Dann darfst du so viele Comics lesen, wie du willst."

„Ich denk mir einfach selber einen Comic-Helden aus", beschließt Paul. „Und mal meine Comics selbst. Dann muss ich nicht warten, bis ich lesen kann." Er steht auf, stiefelt zu seinem Schreibtisch und beginnt zu malen.

„Ich koch uns mal was", sagt Papa und geht in die Küche.

Zwanzig Minuten später setzt sich Paul an den Tisch. „Wo ist Mama?", fragt er.

„Geld verdienen", sagt Papa. „Zeig mal, was du gemalt hast."

Paul schiebt ihm ein Blatt rüber. „Das ist mein Comic-Held. Superdoofi. Ein Krokodil."

Papa beugt sich über das Papier. „Ah ja, das Krokodil erkennt man gut. Und wieso Doofi?"

„Weil ihm dauernd doofe Sachen passieren. Aber trotzdem ist er am Ende der Held", erklärt Paul.

„Ist das ein Umhang?", fragt Papa und tut Paul Essen auf. „Vorsicht, ist noch etwas heiß."

„Genau. Der Superheldenumhang. Damit kann Super-doofi fliegen." Paul pustet. „Oder wedeln, damit das Essen abkühlt."

Papa schmunzelt. „Guten Appetit!"

„Ich werde Mama sagen, dass sie nicht mehr so lange arbeiten muss", sagt Paul zwischen zwei Bissen. „Ich verdiene jetzt auch Geld. Mit Superdoofi."

„Klingt gut." Papa nimmt sich nach. „Und wo willst du deine Comics verkaufen?"

„Im Kindergarten, ist doch klar, ist ja schließlich für Kinder."

„Super", sagt Papa und lehnt sich zurück. „Dann kannst du ja das Geld für unseren nächsten Urlaub verdienen."

„Abgemacht", sagt Paul. „Auf einer Insel. Aber ohne Krokodile."

Der Fussballhund

„Hach, diese Ruhe!" Papa atmet tief ein und aus und lächelt dann. „Schön ist es auf dem Land, oder, Paul?"

„Hmm", macht Paul und kickt einen Stein weg. „Ich hätte lieber ein paar Kinder, mit denen ich spielen kann."

„Da ist ein Kind!", ruft Papa und zeigt auf eine Frau, die mit einem kleinen Kind auf dem Arm die Dorfstraße entlang spazieren geht.

„Das ist ein Baby", sagt Paul genervt.

„Na, was ist denn mit dir los?", fragt die Frau freundlich. „Gefällt's dir hier nicht?"

„Doch", sagt Paul, „aber hier ist niemand zum Spielen."

„Magst du Fußball spielen?", fragt die Frau und Paul nickt.

Die Frau steckt zwei Finger in den Mund und pfeift laut. Paul sieht sie fragend an, doch da kommt schon mit wehenden Ohren ein Hund angerannt.

„Darf ich vorstellen: Das ist Max. Gäbe es eine Hundenationalmannschaft, er wäre dabei."

„Wuff, wuff", macht Max wie zur Bestätigung.

„Hol den Ball", fordert die Frau ihn auf und der Hund flitzt davon.

„Der ist ja lustig", sagt Papa amüsiert. „Was ist denn das für eine Rasse?"

„Eine Mischung aus Windhund und Dackel. Aber mehr Dackel", lacht die Frau. „Nur wenn er Fußball spielt, erkennt man den Windhund."

Max kommt mit einem Ball in der Schnauze zurück. Auffordernd schaut er Paul an.

„Ihr könnt auf der Wiese spielen. Du musst ihm den Ball abnehmen. Einfach dagegentreten", erklärt sie.

„Tue ich ihm dann nicht weh?" Paul wagt einen vorsichtigen Versuch.

„Nö, das ist er gewöhnt", beruhigt ihn die Frau.

Paul tritt etwas stärker gegen den Ball, aber Max hält ihn knurrend fest. Also tritt Paul noch stärker und schafft es, dem Hund den Ball zu entreißen. Paul dribbelt, doch wem soll er den Ball zuspielen? „Papa!", ruft er und der bringt sich in Stellung. Doch Max ist schnell. Schon hat er der Paul-Papa-Mannschaft den Ball wieder abgeluchst.

„Gegen die Windhund-Gene kommen wir nicht an, aber dafür sind wir zu zweit", schnauft Papa.

Von beiden Seiten greifen sie an. Die drei spielen, bis
alle völlig aus der Puste sind.

„Das hat Spaß gemacht!", sagt Paul glücklich.

„Dann komm doch morgen wieder vorbei", schlägt
die Frau vor. „Wir wohnen in dem Haus gegenüber.
Max freut sich, wenn jemand mit ihm Fußball spielt."

Sie verabschieden sich und Paul und Papa gehen
zurück zum Ferienhaus.

„Da seid ihr ja wieder!", sagt Mama, die am Herd
steht. „Mittagessen ist gleich fertig. Warum seid ihr so
verschwitzt?"

„Fußball", schnauft Paul.

„Habt ihr mit Jogi Löw trainiert?" Mama stellt das
dampfende Essen auf den Tisch.

„Nein", sagt Paul. „Mit der Hundenationalmannschaft."

Seepferdchen-Papa

„Und jetzt noch die Schuhe", sagt Papa in der Kinder-
gartengarderobe. Er stellt sie vor Paul hin. „War alles
gut heute?"
Paul streift sich die Hausschuhe ab. „Ja, äh … nein."
„Was denn nun?", fragt Papa.
„Oskar hat gesagt, dass es komisch ist, dass ich fast immer von meinem Papa abgeholt werde und nicht von
meiner Mama." Paul kickt die Hausschuhe in die Ecke.
„Hey!", ruft Papa. „Mal langsam. Wieso, was ist daran
komisch?"

Paul schlüpft in seine Turnschuhe. „Bei ihm kommt immer seine Mama und sein Papa arbeitet lange."

„Jetzt hast du die Schuhe falsch rum angezogen.
Tausch noch mal!" Papa beugt sich runter. „Mama holt
dich doch auch ein- bis zweimal die Woche ab. Und sie
hat dich neun Monate im Bauch rumgetragen und war
das erste halbe Jahr mit dir zu Hause."
Paul schlüpft wieder aus den Schuhen raus. „Na ja,
Papas können ja auch keine Kinder kriegen, oder?"
„Das stimmt", sagt Papa und stellt die Schuhe richtig
herum vor Paul. „Bei manchen Tieren ist es aber so, zum
Beispiel bei den Seepferdchen. Da tragen die Papas die
Eier in der Bauchtasche."
„Wir sind aber keine Seepferdchen", sagt Paul.
„Die sind doch ganz niedlich." Papa zeigt in die Ecke.

„Räum die Hausschuhe bitte noch weg."
Paul hebt die Hausschuhe auf und stellt
sie unter seinen Haken. „Papa, können
wir mal wieder schwimmen gehen?"
„Klar! Morgen nach dem Kindergarten?"
Paul strahlt. „Au ja!"
„Dann können wir auch mal wieder fürs Seepferdchen-
abzeichen üben. Was meinst du?"
„Super, dann hab ich bald auch ein Seepferdchen."
„Oder du wirst eins." Papa hält Paul die Hand hin.
„Hopp, kleines Seepferdchen, los geht's!"

Mitbewohner

Papa sieht sich im Kinderzimmer um. „Paul, wir müssen
aufräumen. Hier gibt's ja keinen freien Zentimeter
mehr auf dem Boden." Auf dem Weg zum Kleiderschrank tritt er auf einen Legostein und flucht.
Paul spielt einfach weiter. „Aufräumen ist doof. Man
müsste mehrere Wohnungen haben, dann könnte man

einfach die Wohnung wechseln, wenn die eine voll oder dreckig ist."

Papa ist beim Kleiderschrank angekommen und holt Klamotten für Paul raus. „Wir sind doch keine Eichhörnchen", sagt er.

„Wieso Eichhörnchen?", fragt Paul und schaut Papa an.

Papa legt die Klamotten aufs Bett, auf dem noch einige Bücher, Zeitschriften und Kuscheltiere verteilt liegen. „Eichhörnchen bauen sich gleich mehrere Nester, und wenn in einem Parasiten sind, ziehen sie einfach ins nächste."

„Parawas?", fragt Paul und steht auf.

„Parasiten", erklärt Papa. „Das sind kleine Tierchen, Mitbewohner sozusagen. Bei uns Menschen zum Beispiel Läuse oder auch Mücken. Bei Eichhörnchen sind es vor allem Milben und Flöhe. Milben gibt es aber auch bei uns im Bett."

Paul verzieht das Gesicht und schaut auf sein Bett. „Und was machen die da?"

„Sie leben dort und ernähren sich von unseren Hautschuppen. Zieh dich jetzt mal an", sagt Papa.

„Iiieh!", ruft Paul und reißt schnell die Klamotten vom Bett.

Papa lacht. „Wenn man nicht gerade eine Allergie gegen Milben hat, ist das nicht so schlimm", sagt er. „Wir haben im Gegensatz zu den Eichhörnchen ja zum Glück auch Waschmaschinen und Staubsauger. So können wir das Bett und unsere Klamotten sauber halten, ohne gleich umziehen zu müssen."
Paul zieht seinen Schlafanzug aus und schlüpft in die frische Unterhose. „Ich will Staubsaugen!", sagt er.
Papa räumt die Sachen vom Bett zusammen. „Immer gerne doch. Aber vorher müssen wir erst mal zusammen aufräumen. Sonst landen deine Legosteine zusammen mit den Milben und dem Staub im Sauger."
Also zieht sich Paul Jeans und T-Shirt an und beginnt, die Legosteine in eine große Kiste zu werfen. Papa hebt Autos und Papierflieger vom Boden auf.
„Fertig. Jetzt können wir saugen", sagt Papa.
Paul läuft zur Tür. „Ich hole den Staubsauger."
Papa steckt den Stecker in die Steckdose und Paul schaltet das Gerät ein. „Können wir das Bett auch absaugen?", fragt er.
„Das schadet bestimmt nicht", sagt Papa und zieht das Laken von der Matratze. Paul saugt die Matratze ab und Papa bezieht sie anschließend neu. Dann saugen sie noch den restlichen Fußboden.

Paul schaltet den Staubsauger wieder aus. „Also machen Eichhörnchen nie sauber? Wie gehen die kleinen Tierchen dann weg?"

Papa streicht sich übers Kinn. „Ich denke, die Parasiten verschwinden einfach, wenn die Eichhörnchen eine Weile nicht da sind. Dann haben sie ja nichts mehr zu essen. Wenn du dein Bett nicht mehr benutzen würdest, würden die Milben auch irgendwann ver- hungern." Auf Pauls Stirn erscheinen Denkfalten.

„Falls du jetzt auf die Idee kommst, dann besser bei uns zu schlafen", sagt Papa schell, „in unserem Bett sind bestimmt noch mehr Milben als bei dir."

Pauls Stirn entspannt sich wieder und die Mundwinkel gehen nach unten. Doch dann fängt er an zu lächeln. „Dann weiß ich wenigstens, dass ich beim Schlafen nie alleine bin!"

Löwengebrüll

Paul und Papa liegen im Park auf der gestreiften
Picknickdecke. Papa blinzelt in die Sonne und streckt
die Beine aus, als sich Paul plötzlich mit Gebrüll auf
ihn stürzt.
„Uaaaaah!", macht er und legt sich auf Papa drauf.
„Huch, welches Tier greift mich denn plötzlich an?",
fragt Papa.

„Ein Löwe!", brüllt Paul und fährt seine Krallen aus.
Papa lacht und rollt sich zur Seite. „Wie ein Löwe
brüllen, konntest du schon immer gut."

„Wieso?", fragt Paul und stürzt sich wieder auf Papa.
„Als du knapp ein Jahr alt warst, waren Mama und ich
mit dir im Zoo. Schon von Weitem hat man den Löwen
brüllen hören. Es klang unheimlich." Paul setzt sich
neben Papa und hört aufmerksam zu. „Du wurdest
ganz still", erzählt Papa weiter. „Und als wir dann im
Raubtierhaus waren und uns dem Löwen näherten,
hast du plötzlich zurückgebrüllt. Mama und ich haben
uns erschrocken angeguckt. Es klang täuschend echt!"

„Wirklich?", sagt Paul. „So? Uaaaaah!"

„Ja, genau! Du kannst es immer noch gut! Hoffentlich
kriegen die anderen Leute hier keine Angst." Papa
schaut sich um.

„Können Tiere auch Menschen nachahmen?", fragt
Paul.

„Na klar", sagt Papa. „Es gibt ja sprechende Papageien
und andere Vögel. Stare zum Beispiel, das sind sehr
gute Imitatoren."

„Imiwas?", fragt Paul und runzelt die Stirn.

„Ein Imitator ist jemand, der eine Stimme oder
ein Geräusch nachmachen kann", erklärt Papa.

„In Amsterdam im Bahnhof lebte mal ein Star, der täuschend echt das Geräusch der sich schließenden Türen nachahmen konnte. Dadurch kam der ganze Ablauf durcheinander."

„So in etwa?" Paul versucht, das Geräusch einer Zugtür nachzumachen.

Papa lacht. „Das klingt eher wie ein Autounfall. Bleib du mal lieber bei deinem Löwen."

„Okay, du hast es so gewollt." Paul fährt die Krallen aus und stürzt sich auf Papa.

Knabberfische

Papa steht am Ufer des kleinen Badesees. „Jetzt komm
endlich raus, Paul!"
„Hier sind aber kleine Fische, die will ich beobachten!",
entgegnet Paul und schaut auf das flache Wasser zu
seinen Füßen.
„Das kannst du auch mit trockener Unterhose und
T-Shirt machen", sagt Papa. „Du hast ja schon ganz
blaue Lippen vor Kälte. Raus jetzt!"

Murrend kommt Paul aus dem Wasser und steht zitternd vor Papa. Der streift ihm schnell die Schwimmflügel und die Badehose ab und hüllt ihn in ein kuscheliges Badetuch mit Kapuze.

„Ich will Paket spielen", sagt Paul und kauert sich auf der Picknickdecke zusammen.

„Okay, wie immer." Papa hockt sich daneben. „Ding-Dong", spielt er. „Ein Paket? Für mich? Ach, komisch, ich hab doch gar nichts bestellt. Mal sehen, was drin ist …" Er hebt das Handtuch am Kopf ein Stückchen an. „Oh, was ist das denn?"

„Ein Delfinbaby", sagt Paul.

„Och, das ist ja niedlich", spielt Papa das Spiel weiter. „So eins hab ich mir ja immer schon gewünscht." Er schnappt sich den ganzen Delfinbabyhandtuchpaul und zieht ihn zu sich auf den Schoß.

Plötzlich reißt Paul sich das Handtuch vom Kopf und springt auf. „Gib mir mein T-Shirt und die Unterhose. Ich will weiter die Fische beobachten."

In Windeseile zieht er sich beides an und läuft zurück zur Badestelle. Er steht mit den Füßen im Wasser.

„Jetzt sind sie weg, Papa!", ruft er enttäuscht.

Papa erhebt sich von der Decke, läuft zum Wasser und watet ein paar Schritte hinein.

„Da!", ruft Paul, „jetzt kommen sie! Was wollen sie an deinen Füßen?"

„Keine Ahnung", sagt Papa und blickt hinab. „Es gibt Knabberfische, die knabbern Hornhaut von den Füßen, aber die kommen hier bestimmt nicht vor. Guck mal, jetzt schwimmen sie zu dir!"

Paul springt ein Stück zur Seite, sodass das Wasser spritzt.

„Hey!", ruft Papa, „keine Angst, die sind bestimmt einfach nur neugierig. Außerdem hast du wahrscheinlich gar keine Hornhaut. Als Delfinbaby."

Die Wasseroberfläche beruhigt sich und Paul beobachtet weiter die Fische. „Sie schwimmen immer hin- und her zwischen uns!", bemerkt er jetzt.

„Stimmt", sagt Papa, der ein paar Schritte entfernt von ihm steht.

„Der kleinste ist der schnellste. Warum frieren die eigentlich nicht, wenn sie so lange im Wasser sind?"

Papa überlegt. „Ich glaube, die fressen sich im Sommer eine Fettschicht an und im Winter sinkt die Körpertemperatur und sie halten Winterruhe. Viele Fische machen das zumindest so."

„Und Delfine?", fragt Paul und beobachtet weiter die Fische.

„Das sind ja Säugetiere, keine Fische. Ihr Körper sollte immer die gleiche Temperatur haben. Deshalb gibt es sie eigentlich auch nur dort, wo das Wasser einigermaßen warm ist. Ich geh mal wieder raus, so richtig warm ist das hier nämlich nicht."

„Ich bleib noch. Ich bin jetzt nämlich ein Fisch und kein Delfin", sagt Paul und beobachtet begeistert den kleinen Fisch.

Brötchen zählen

 „Papa, was sind vier Brötchen plus zwei Brötchen?", fragt Paul auf dem Weg zum Bäcker.

Papa schaut zu Paul. „Das kannst du bestimmt schon selbst rechnen. Zähl von vier an einfach zwei weiter."

„Vier Brötchen, fünf Brötchen, sechs Brötchen", sagt Paul. „Wir müssen sechs Brötchen kaufen. Vier normale und zwei Vollkorn."

„Genau", sagt Papa und biegt um die Ecke.

„Und wie viele bekommt dann jeder?"

Paul bleibt stehen. Auf seiner Stirn bilden sich Falten vom Nachdenken. „Zwei", sagt er schließlich. „Mama zwei Vollkornbrötchen und wir jeder zwei normale."

 „Sehr gut!", lobt ihn Papa. „Dann kannst du ja gleich beim Bäcker bestellen und bezahlen."

„Können Tiere eigentlich auch rechnen?", fragt Paul und hüpft hinterher.

„Nur sehr wenige. Affen zum Beispiel, aber auch ein paar Fischarten und Bienen. Die können allerdings nur bis vier zählen."

Paul lacht. „Zum Glück bin ich keine Biene. Dann wür-
det ihr jeder nur ein Brötchen kriegen und ich zwei.
Aber kein Vollkorn."

Mittlerweile sind sie beim Bäcker angekommen. Papa drückt Paul etwas Geld
in die Hand. „Schaffst du das alleine?
Dann warte ich draußen. Ach, bringst
du mir noch ein Mohnbrötchen
zusätzlich mit?"

Paul greift nach dem Schein. „Klaro." Er verschwindet
im Laden, erscheint aber kurz darauf noch einmal an
der Tür. „Der Bäcker will wissen, wie viele es insgesamt
sind", ruft er. „Wegen der Tüte. Sechs oder sieben?"
„Sieben", ruft Papa zurück.
Paul kommt mit einer Brötchentüte aus dem Laden
und Papa nimmt sie entgegen. „Mir ist gerade noch
eine Geschichte zu Tieren, die rechnen können, ein-
gefallen."
„Erzähl!", fordert Paul ihn auf.
Papa nimmt Pauls Hand und sie laufen los. „Es gab vor
über hundert Jahren mal ein Pferd, das hieß der kluge
Hans. Hans konnte komplizierte Aufgaben rechnen
und hat das Ergebnis durch Stampfen mit dem Huf
genannt. Er gehörte einem Mathelehrer, der mit ihm
übte. Wissenschaftler haben Tests mit ihm gemacht und
konnten keine Tricks finden. Sie dachten also, dass das
Tier wirklich rechnen konnte. Bis jemand herausfand,
dass Hans einfach gut beobachten konnte. Er las das Ergebnis vom Gesicht des Fragestellers ab und lag damit
fast immer richtig. Wenn man ihn also fragen würde,
wie viele Brötchen in der Tüte sind, würde er immer
weiter aufstampfen, bis sich das Gesicht des Fragestellers nach sieben Mal entspannt und er aufhört."

Paul bleibt stehen und stampft mit dem Fuß auf.
„Sechs?", sagt Papa. „Was willst du mir damit sagen?
Es sind doch sieben Brötchen in der Tüte."
„Dass du mir ein Brötchen geben sollst." Paul hält die
Hand auf. „Ich hab nämlich Hunger."

Nächtliche Besucher

Papa deckt Paul zu. „Schlaf gut", sagt er.

„Bleibst du noch da?", fragt Paul.

Papa streichelt ihm über den Kopf und gibt Paul einen Kuss. „Ich muss noch ein bisschen arbeiten. Und du schläfst bestimmt auch super allein ein."

Paul reibt sich die Augen. „Weißt du was, Papa? Am liebsten würde ich mal eine Nacht im Zoo verbringen."

„Davon habe ich früher auch geträumt." Papa lächelt.

Paul setzt sich auf. „Und jetzt nicht mehr?"

„Nein", sagt Papa. „Das wäre mir viel zu unruhig. Es gibt ja so viele nachtaktive Tiere. Da käme man bestimmt gar nicht zum Schlafen."

„Aber es ist immer was los. Und man wär nicht allein." Paul lächelt bei der Vorstellung.

„Dann brauchst du vielleicht doch einen Hamster", überlegt Papa laut.

„Ein Hamster kommt mir nicht ins Haus!" Mama erscheint plötzlich im Türrahmen. „Da juckt's mir ja jetzt schon in der Nase."

„Mama! Du bist ja schon wieder da", sagt Paul.

„Ja, und schau mal, wen ich im Flur gefunden habe!"

Mama hält Pauls Eisbär hoch. „Der kann dir doch Gesellschaft leisten."

„Ja!" Paul strahlt. Doch nur kurz. „Aber Eisbären schlafen nachts."

„Umso besser", sagt Papa. „Oder soll ich dir eine Fledermaus vorbeischicken? Ich hab schon von welchen gehört, die nachts in die Wohnung fliegen und es sich in einer Ecke des Schlafzimmers gemütlich machen." Papa spannt seine Arme auf.

Paul verzieht das Gesicht. „Dann nehme ich doch lieber meinen Eisbären."

Mama wirft ihm das Kuscheltier zu und Paul fängt es auf.

„Gute Nacht!", ruft Papa und wirft eine Kusshand hinterher. „Ich geh an den Schreibtisch."

Mit dem Eisbären im Arm winkt Paul ihm zu. „Und du, Mama?"

„Das Mamatier kann sich noch kurz zu dir legen. Aber ich bin alles andere als nachtaktiv."

Paul rutscht zur Seite und macht Mama Platz. „Wer zuerst schnarcht, hat gewonnen!"

Drachensteigen

„Und jetzt: laufen", ruft Papa und spornt Paul an.

„Halt die Arme hoch! Ja, es klappt!"

Paul rennt mit der Schnur in der Hand über die Wiese
und blickt auf den Drachen, der immer höher steigt.

Paul wird langsamer und hält schließlich an. „Toll!"

Der Drachen bewegt sich am Himmel hin und her.

Doch dann sinkt er immer weiter hinab und landet
schließlich auf dem Gras.

„Jetzt du!" Paul drückt Papa die
Schnur in die Hand.

„Magst du nicht mehr?", fragt Papa.

„Ich muss mich mal ausruhen."

Papa rollt die Schnur etwas ein und bringt sich und den Drachen in Position. Dann rennt er los.

Paul beobachtet, wie der Drachen an Höhe gewinnt. Plötzlich nähert sich ein Vogel. „Der Vogel fliegt dir hinterher!", ruft Paul Papa zu.

Papa stockt im Laufen und blickt nach oben. Der Drachen beginnt zu trudeln und stürzt ab. Doch der Vogel fliegt unbeirrt weiter.

„Doch nicht", sagt Paul.

Schnaufend kommt Papa zu Paul und lässt sich ebenfalls ins Gras fallen. „Ganz schön anstrengend", sagt er. „Aber weißt du was, es gibt wirklich Vögel, die Drachen oder anderen Fluggeräten folgen. Ich hab mal ein Foto in einer Zeitschrift gesehen, das sah toll aus."

„Was war das denn für ein Fluggerät?", fragt Paul nach.

„Irgend so ein Leichtfluggerät. Das benutzt man unter anderem, um mit bestimmten Vögeln Flugtraining zu machen. Dem Waldrapp zum Beispiel", erzählt Papa.

„Wieso denn Flugtraining?" Paul lacht. „Vögel können doch fliegen."

„Ja, das können sie. Aber manchmal muss man ihnen zeigen, wo sie am besten überwintern. Der Waldrapp

galt als ausgestorben und man hat ihn
wieder angesiedelt. Und um den langen
Flug dahin zu üben, wo er dann über-
wintert, gibt es das Flugtraining."

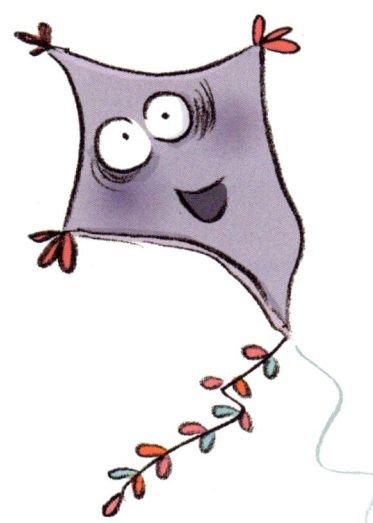

„Lustig", sagt Paul. „Wie sieht denn so
ein Waldrapp aus?"

„Das ist ein großer Vogel mit schwarzem
Gefieder und einem rötlichen langen,
gebogenen Schnabel."

„Und wie groß ist er? So wie der Drachen?",
fragt Paul.

Papa schüttelt den Kopf und breitet die Arme aus.

„Im Flug ist er etwa so breit wie meine Arme jetzt."
Er lässt die Arme auf und ab schwingen.

„Nur dass bei mir auch kein Flugtraining hilft", sagt er
dann, lässt erst die Arme sinken und sich dann zurück
auf die Wiese plumpsen.

Paul springt auf. „Aber der Drachen kann fliegen. Los,
weiter!"

Papa legt sich hin und schließt die Augen. „Ich mache
gerade Winterpause", sagt er.

Waldameisen

„Hier sind noch mehr Äste!", ruft Paul begeistert. Er schnappt sich einen mit beiden Händen und zieht ihn über den Waldboden. Papa und er haben bei ihrem Waldspaziergang ein halb fertiges Tipi entdeckt und bauen es jetzt weiter.

Papa kommt zu ihm und schnappt sich ebenfalls einen Stock. Gemeinsam stellen sie die Äste schräg auf, sodass sie sich oben in der Mitte treffen. Mit einem prüfenden Blick betrachtet Papa das zeltartige Gebilde. „Jetzt brauchen wir dünnere Äste und Zweige", sagt er.

„Okay", ruft Paul, „hier sind noch welche!"

Sie schleppen weiteres Baumaterial herbei und die Zeltwände werden immer dichter. Vor lauter Arbeit wird ihnen ganz warm und sie ziehen ihre Kapuzenjacken aus.

„Wir füllen die Lücken noch mit Laub auf!" Papa geht auf die Suche.

Eine halbe Stunde später ist das Tipi fertig. „Jetzt machen wir ein Picknick da drin!" Papa schlüpft mit dem Rucksack hinein und Paul folgt ihm.

„Gemütlich!", sagt er glücklich und schaut sich um.
Papa guckt in den Rucksack. „Willst du zuerst ein
Brötchen oder Äpfel und Birnen?"

„Beides", sagt Paul und hält die Hände auf.

„Guten Appetit", sagt Papa. Paul kaut bereits.

Im Nu verputzt er das Essen. „Haben wir noch mehr?",
fragt er.

„Kekse", sagt Papa jetzt mit vollem Mund.

„Au ja!", ruft Paul und dann: „Au!"

„Was ist?", fragt Papa.

„Aua, eine Ameise!" Er schaut auf seinen Arm. „Sie
hat Pipi gemacht!"

Papa legt sein halbes Brötchen beiseite. „Zeig mal!"
Paul hält seinen Arm hin und Papa schaut. Dann pustet
er.

„Oh ja, das tut weh. Aber Pipi ist das nicht. Ameisen
beißen. Und Waldameisen spritzen, im Gegensatz zu
Ameisen aus dem Garten, Gift in die Wunde." Er kramt
im Rucksack herum und holt eine Wasserflasche heraus. „Kühlen hilft", sagt er und hält sie dagegen.

„Warum machen die Ameisen das?", fragt Paul.

„Ich weiß nicht genau", sagt Papa, „vielleicht fühlen
sie sich bedroht." Er nimmt das Brötchen wieder in die
Hand. „Oh", sagt er. Dann schaut er sich um.

„Was denn?"

„Hier sind ziemlich viele Ameisen. Anscheinend wurde
das Tipi auf einer Ameisenstraße gebaut. Kein Wunder,

dass die kleinen Tierchen sich bedroht fühlen. Und dass das Tipi nur halb fertig war."

Jetzt entdeckt auch Paul die vielen Ameisen auf dem Boden. Sie laufen mit Tannennadeln beladen umher und einige tragen Brötchen- oder Kekskrümel. „Keine Angst, wir tun euch doch nichts", sagt er.

„Wird's denn besser?", fragt Papa mit Blick auf den Arm.

„Ja", sagt Paul.

Papa isst das Brötchen auf und packt die restlichen Essenssachen wieder in den Rucksack. „Dann über-lassen wir den Ameisen mal wieder ihre Straße."

„Tschüss, ihr Ameisen!" Paul winkt. „Guten Appetit noch!"

Katzensitter

„Paul, wir müssen vorm ins Bett gehen noch Giacomo
füttern. Denkst du bitte auch daran?"
Paul schaut von seinem Bauernhof-Puzzle auf. „Meinst
du Jérôme?"
„Ach ja", sagt Papa und fährt sich durch die Haare.
„Irgendwie kann ich mir diesen Namen nicht merken."
„Ist doch ganz einfach." Paul springt auf und läuft zu
Papa. „Denk einfach an Jérôme Boateng. Das ist Belas
Lieblingsfußballer. Deshalb heißt seine Katze so."
„Okay, ich versuch's."
„Können wir nicht jetzt schon zu Jérôme runtergehen
und noch ein bisschen mit ihm spielen?", fragt Paul.
„Ihm ist doch bestimmt langweilig, den ganzen Tag
allein in der Wohnung."
„Gute Idee", sagt Papa, geht in den Flur und nimmt
den Schlüssel der Nachbarn vom Haken.
Sie gehen ein Stockwerk hinunter und schließen bei
den Nachbarn auf. Als Paul die Tür aufschiebt, steht
der Kater bereits im Flur und blickt ihn an. Er miaut
einmal laut und läuft dann ins Wohnzimmer. Paul geht
ihm nach.

„Na, Jérôme, wollen wir ein bisschen Ball spielen?",
fragt er. Doch der Kater liegt schon auf dem Sofa. Er
hebt den Kopf und macht wieder „Miau".
Papa lehnt im Türrahmen. „Ich glaube, Jérôme will
einfach nur gestreichelt werden. Wahrscheinlich fehlt
ihm das am meisten, wenn er allein ist."
Also setzt sich Paul zu ihm aufs Sofa und beginnt ihn
zu kraulen. Der Kater schnurrt wie ein Motor. Paul
krault und streichelt und Jérôme schließt die Augen
und macht sich ganz lang.

„Ich glaube, er mag dich", schmunzelt Papa.

Jetzt ist ein Dauerbrummen zu hören. „Hihi, das klingt lustig", sagt Paul. „Aber bald kann ich nicht mehr."

„Dann mach doch eine Pause", schlägt Papa vor.

Doch sobald Paul aufhört zu streicheln, miaut der Kater laut. „Vielleicht lenkt ihn das Futter ab. Ich geh schon mal in die Küche und fülle seinen Napf."

Papa verschwindet und Paul krault weiter. Sofort schließt Jérôme wieder die Augen. Doch als er in der Küche das Rascheln hört, öffnet er sie und hebt den Kopf. Der Kater hüpft vom Sofa und düst in die Küche. Dort springt er mit einem Satz auf die Arbeitsplatte.

„Halt, nicht so stürmisch", lacht Papa mit einer Gabel und dem Katzenfutter in der Hand. „Ich bin doch noch gar nicht fertig."

„Ist Boateng Stürmer?", fragt Paul.

Papa gibt mit der Gabel das Futter in den Napf, fügt noch etwas Trockenfutter hinzu und rührt um. „Ich glaube nicht. Aber der hier hat das Zeug dazu, zumindest wenn's ums Essen geht. Stellst du ihm das Futter hin? He, Jérôme!"

Paul stupst den Kater vorsichtig zur Seite, nimmt die Schale und setzt sie vor der Balkontür auf den Boden.

Jérôme springt hinunter und beginnt schmatzend zu essen. Nach wenigen Minuten ist er fertig, läuft zurück ins Wohnzimmer, legt sich wieder aufs Sofa und gähnt ausgiebig.

„Ich glaube, wir haben unseren Job erledigt", sagt Papa und betrachtet Jérôme, der die Augen bereits geschlossen hat. „Mit spielen ist heute nichts mehr." Jetzt gähnt auch Paul.

„Ab in die Kabine", sagt Papa. Paul sieht Papa fragend an. „Na ja, umziehen und dann ins Bett."

Paul nickt. „Gute Nacht, Jérôme!"

Susanne Weber, Jahrgang 1977, studierte in Berlin Germanistik und Romanistik. Sie arbeitete einige Jahre als Lektorin in verschiedenen Kinderbuchverlagen. Nach der Geburt ihres ersten Sohnes begann sie, erfolgreich Kinderbuchtexte zu schreiben. Mittlerweile hat sie zwei Söhne und schreibt immer mehr.

Susanne Göhlich, geboren 1972, lebt mit ihrer
Familie in Leipzig. Neben dem Studium der Kunst-
geschichte begann sie zu zeichnen. Dabei ist sie dann
auch geblieben. Inzwischen arbeitet sie als freie
Illustratorin für Kinderbuchverlage und Magazine.

Noch mehr Vorlesegeschichten

ISBN: 978-3-95854-027-9

„Heute ist der Himmel besonders klar", sagt Papa und zeigt auf das Hochhaus in der Ferne. Paul und Papa stehen wie jeden Abend am Dachfenster und schauen hinaus in die Stadt. Paul liebt es, mit Papa die Züge anzusehen, bevor er ins Bett muss.

für Kindergartenkinder

ISBN: 978-3-95854-072-9

„Und jetzt volle Kraft voraus!", ruft Papa. „Treten!"
Paul stemmt seine Füße in die Pedale und
tritt, so schnell er kann.